My Bilingual Picture Book

Min tospråklige bildebok

Sefa's most beautiful children's stories in one volume

Ulrich Renz • Barbara Brinkmann:

Sleep Tight, Little Wolf · Sov godt, lille ulv

For ages 2 and up

Cornelia Haas • Ulrich Renz:

My Most Beautiful Dream · Min aller fineste drøm

For ages 2 and up

Ulrich Renz • Marc Robitzky:

The Wild Swans · De ville svanene

Based on a fairy tale by Hans Christian Andersen

For ages 5 and up

© 2024 by Sefa Verlag Kirsten Bödeker, Lübeck, Germany. www.sefa-verlag.de

Special thanks to Paul Bödeker, Freiburg, Germany

All rights reserved.

ISBN: 9783756304387

Read · Listen · Understand

Sleep Tight, Little Wolf
Sov godt, lille ulv

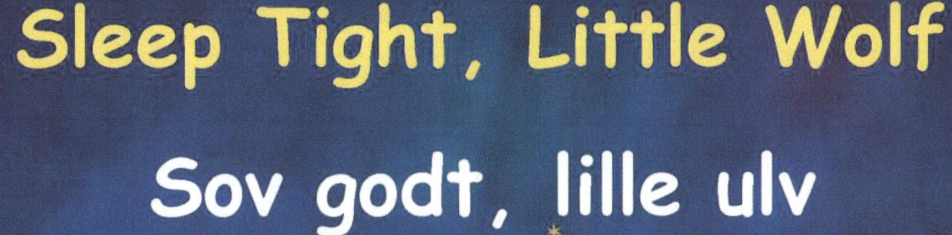

Ulrich Renz / Barbara Brinkmann

English — bilingual — Norwegian

Translation:

Pete Savill (English)

David Immanuel Glathe (Norwegian)

Audiobook and video:

www.sefa-bilingual.com/bonus

Password for free access:

English: `LWEN1423`

Norwegian: `LWNO2324`

Good night, Tim! We'll continue searching tomorrow.
Now sleep tight!

God natt, Tim! Vi fortsetter å lete i morgen.
Sov godt nå!

It is already dark outside.

Utenfor er det allerede mørkt.

What is Tim doing?

Hva holder Tim på med der?

He is leaving for the playground.
What is he looking for there?

Han går ut til lekeplassen.
Hva leter han etter?

The little wolf!

He can't sleep without it.

Lille ulv!

Uten den kan han ikke sove.

Who's this coming?

Hvem er det som kommer der?

Marie! She's looking for her ball.

Marie! Hun leter etter ballen sin.

And what is Tobi looking for?

Og hva er det Tobi leter etter?

His digger.

Gravemaskinen sin.

And what is Nala looking for?

Og hva er det Nala leter etter?

Her doll.

Dukken sin.

Don't the children have to go to bed?

The cat is rather surprised.

Burde ikke barna vært i seng?

Katten undrer seg.

Who's coming now?

Hvem er det som kommer der?

Tim's mum and dad!
They can't sleep without their Tim.

Mammaen og pappaen til Tim!
De får ikke sove uten Tim-en sin.

More of them are coming! Marie's dad.
Tobi's grandpa. And Nala's mum.

Og der kommer det enda flere! Marie sin pappa.
Tobis bestefar og Nala sin mamma.

Now hurry to bed everyone!

Nå er det rett til sengs!

Good night, Tim!

Tomorrow we won't have to search any longer.

God natt, Tim!

I morgen trenger vi ikke lete likevel.

Sleep tight, little wolf!

Sov godt, lille ulv!

Cornelia Haas • Ulrich Renz

My Most Beautiful Dream

Min aller fineste drøm

Translation:

Sefâ Jesse Konuk Agnew (English)

Werner Skalla, Jan Blomli, Petter Haaland Bergli (Norwegian)

Audiobook and video:

www.sefa-bilingual.com/bonus

Password for free access:

English: **BDEN1423**

Norwegian: **BDNO2324**

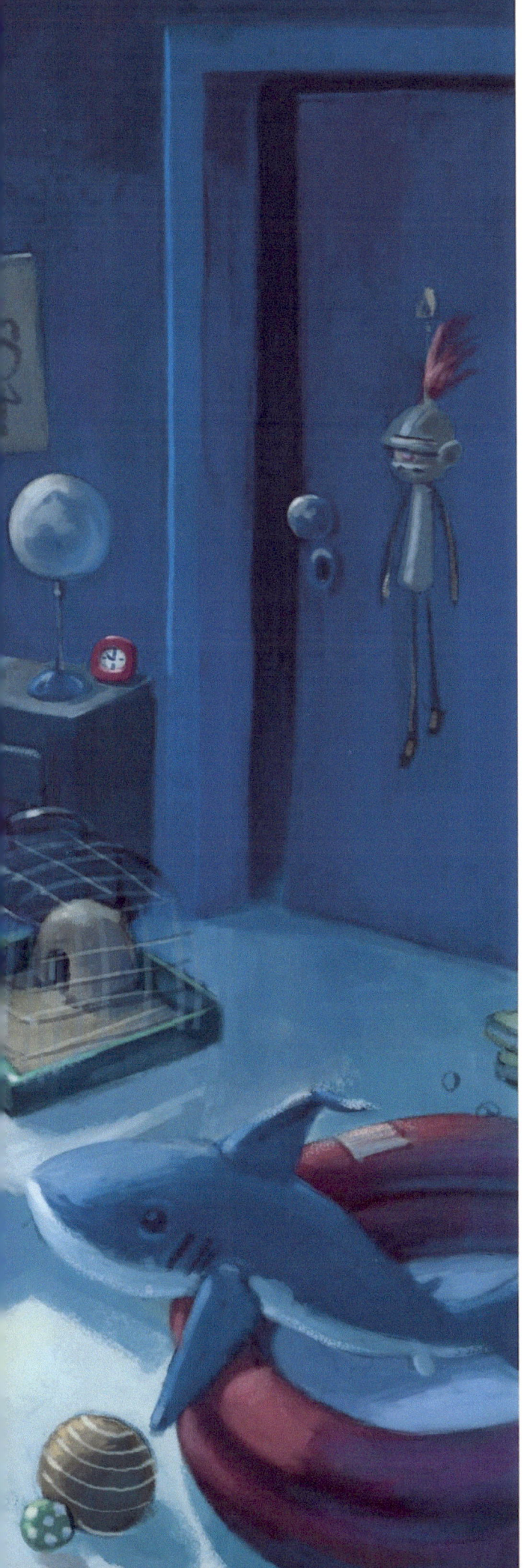

Lulu can't fall asleep. Everyone else is dreaming already – the shark, the elephant, the little mouse, the dragon, the kangaroo, the knight, the monkey, the pilot. And the lion cub. Even the bear has trouble keeping his eyes open …

Hey bear, will you take me along into your dream?

Lulu får ikke sove. Alle andre drømmer allerede – haien, elefanten, den lille musa, dragen, kenguruen, ridderen, apen, piloten. Og løveungen. Til og med bamsen kan nesten ikke holde øynene åpne …

Du bamse, kan du ta meg med inn i drømmen din?

And with that, Lulu finds herself in bear dreamland. The bear catches fish in Lake Tagayumi. And Lulu wonders, who could be living up there in the trees?

When the dream is over, Lulu wants to go on another adventure. Come along, let's visit the shark! What could he be dreaming?

Og med det er Lulu allerede i bamsenes drømmeland. Bamsen fanger fisk i Tagayumisjøen. Og Lulu lurer på hvem som bor der oppe i trærne?
Når drømmen er over, vil Lulu oppleve enda mer. Bli med, vi skal hilse på haien! Hva drømmer han om?

The shark plays tag with the fish. Finally he's got some friends! Nobody's afraid of his sharp teeth.

When the dream is over, Lulu wants to go on another adventure. Come along, let's visit the elephant! What could he be dreaming?

Haien leker sisten med fiskene. Endelig har han venner! Ingen er redde for de spisse tennene hans.

Når drømmen er over, vil Lulu oppleve enda mer. Bli med, vi skal hilse på elefanten! Hva drømmer han om?

The elephant is as light as a feather and can fly! He's about to land on the celestial meadow.

When the dream is over, Lulu wants to go on another adventure. Come along, let's visit the little mouse! What could she be dreaming?

Elefanten er lett som en fjær og kan fly! Snart lander han på skyene.
Når drømmen er over, vil Lulu oppleve enda mer. Bli med, vi skal hilse på den lille musa! Hva drømmer hun om?

The little mouse watches the fair. She likes the roller coaster best. When the dream is over, Lulu wants to go on another adventure. Come along, let's visit the dragon! What could she be dreaming?

Den lille musa ser seg om på tivoli. Hun liker best berg- og dalbanen.
Når drømmen er over, vil Lulu oppleve enda mer. Bli med, vi skal hilse på dragen! Hva drømmer han om?

The dragon is thirsty from spitting fire. She'd like to drink up the whole lemonade lake.

When the dream is over, Lulu wants to go on another adventure. Come along, let's visit the kangaroo! What could she be dreaming?

Dragen er tørst etter å ha sprutet ild. Helst vil han drikke opp hele sjøen med brus.
Når drømmen er over, vil Lulu oppleve enda mer. Bli med, vi skal hilse på kenguruen! Hva drømmer han om?

The kangaroo jumps around the candy factory and fills her pouch. Even more of the blue sweets! And more lollipops! And chocolate!

When the dream is over, Lulu wants to go on another adventure. Come along, let's visit the knight! What could he be dreaming?

Kenguruen hopper gjennom godterifabrikken og stapper pungen sin full. Enda flere av de blå dropsene! Og enda flere kjærlighet på pinne! Og sjokolade!

Når drømmen er over, vil Lulu oppleve enda mer. Bli med, vi skal hilse på ridderen! Hva drømmer han om?

The knight is having a cake fight with his dream princess. Oops! The whipped cream cake has gone the wrong way!
When the dream is over, Lulu wants to go on another adventure. Come along, let's visit the monkey! What could he be dreaming?

Ridderen er i kakekrig mot drømmeprinsessen sin. Oi! Kremkaken bommer!
Når drømmen er over, vil Lulu oppleve enda mer. Bli med, vi skal hilse på apen! Hva drømmer han om?

Snow has finally fallen in Monkeyland. The whole barrel of monkeys is beside itself and getting up to monkey business.
When the dream is over, Lulu wants to go on another adventure. Come along, let's visit the pilot! In which dream could he have landed?

Endelig har snøen kommet til apelandet! Hele apegjengen er ute og gjør apestreker.
Når drømmen er over, vil Lulu oppleve enda mer. Bli med, vi skal hilse på piloten! I hvilken drøm har han landet?

The pilot flies on and on. To the ends of the earth, and even farther, right on up to the stars. No other pilot has ever managed that.
When the dream is over, everybody is very tired and doesn't feel like going on many adventures anymore. But they'd still like to visit the lion cub.
What could she be dreaming?

Piloten flyr og flyr. Til verdens ende, og videre helt til stjernene. Ingen pilot har klart dette før ham.
Når drømmen er over, er alle veldig trøtte og vil ikke oppleve så mye mer.
Men løveungen vil de likevel hilse på. Hva drømmer han om?

The lion cub is homesick and wants to go back to the warm, cozy bed.
And so do the others.

And thus begins ...

Løveungen har hjemlengsel og vil tilbake til den varme, deilige senga si.
Det vil de andre også.

Og da begynner ...

... Lulu's
most beautiful dream.

... Lulus
aller fineste drøm.

Ulrich Renz • Marc Robitzky

The Wild Swans

De ville svanene

Translation:

Ludwig Blohm, Pete Savill (English)

Ursula Johanna Aas (Norwegian)

Audiobook and video:

www.sefa-bilingual.com/bonus

Password for free access:

English: **WSEN1423**

Norwegian: **WSNO2324**

Ulrich Renz · Marc Robitzky

The Wild Swans

De ville svanene

Based on a fairy tale by

Hans Christian Andersen

English — bilingual — Norwegian

Once upon a time there were twelve royal children – eleven brothers and one older sister, Elisa. They lived happily in a beautiful castle.

Det var en gang tolv kongsbarn – elleve brødre og en storesøster. Hun het Elisa. De levde lykkelig i et vidunderlig slott.

One day the mother died, and some time later the king married again. The new wife, however, was an evil witch. She turned the eleven princes into swans and sent them far away to a distant land beyond the large forest.

En dag døde moren, og en stund senere giftet kongen seg på nytt. Men den nye konen var en ond heks. Hun forhekset de elleve prinsene til svaner og sendte dem langt av gårde, til et fjernt land på den andre siden av den store skogen.

She dressed the girl in rags and smeared an ointment onto her face that turned her so ugly, that even her own father no longer recognized her and chased her out of the castle. Elisa ran into the dark forest.

Jenta kledde hun i filler og smurte ansiktet hennes inn med en stygg salve, slik at hennes egen far ikke lenger kjente henne igjen og jaget henne ut fra slottet. Elisa løp inn i den mørke skogen.

Now she was all alone, and longed for her missing brothers from the depths of her soul. As the evening came, she made herself a bed of moss under the trees.

Nå var hun helt alene og lengtet av hele sitt hjerte etter sine forsvunne brødre. Da det ble kveld, lagde hun seg en seng av mose under trærne.

The next morning she came to a calm lake and was shocked when she saw her reflection in it. But once she had washed, she was the most beautiful princess under the sun.

Neste morgen kom hun til en blikkstille innsjø og ble forskremt da hun så speilbildet sitt i vannet. Etter at hun hadde fått vasket seg, ble hun det vakreste kongsbarn på jorden.

After many days Elisa reached the great sea. Eleven swan feathers were bobbing on the waves.

Etter mange dager kom hun fram til havet. På bølgene gynget elleve svanefjær.

As the sun set, there was a swooshing noise in the air and eleven wild swans landed on the water. Elisa immediately recognized her enchanted brothers. They spoke swan language and because of this she could not understand them.

Ved solnedgang kjentes et brus i luften, og elleve ville svaner landet på vannet. Elisa gjenkjente sine forheksede brødre med en gang. Men fordi de bare snakket svanespråket, kunne hun ikke forstå dem.

During the day the swans flew away, and at night the siblings snuggled up together in a cave.

One night Elisa had a strange dream: Her mother told her how she could release her brothers from the spell. She should knit shirts from stinging nettles and throw one over each of the swans. Until then, however, she was not allowed to speak a word, or else her brothers would die.
Elisa set to work immediately. Although her hands were burning as if they were on fire, she carried on knitting tirelessly.

Om dagen fløy svanene bort, men om natten krøp alle søsknene tett sammen i en grotte.

En natt drømte Elisa noe merkelig: Moren hennes fortalte henne hvordan hun kunne befri brødrene sine. Av brennesle skulle hun strikke en skjorte til hver svane og kaste dem over dem. Men fram til da måtte hun ikke si et eneste ord, ellers ville brødrene hennes dø.
Elisa startet å arbeide med en gang. Selv om hendene hennes sved som ild, strikket hun iherdig videre.

One day hunting horns sounded in the distance. A prince came riding along with his entourage and he soon stood in front of her. As they looked into each other's eyes, they fell in love.

En dag lød det jakthorn i det fjerne. En prins kom ridende med følget sitt, og om ikke lenge sto han foran henne. De ble forelsket i hverandre ved første blikk.

The prince lifted Elisa onto his horse and rode to his castle with her.

Prinsen løftet Elisa opp på hesten sin og red med henne til slottet sitt.

The mighty treasurer was anything but pleased with the arrival of the silent beauty. His own daughter was meant to become the prince's bride.

Den mektige skattmesteren var ikke særlig begeistret for den tause skjønnhetens ankomst. Han hadde tenkt seg sin egen datter som brud for prinsen.

Elisa had not forgotten her brothers. Every evening she continued working on the shirts. One night she went out to the cemetery to gather fresh nettles. While doing so she was secretly watched by the treasurer.

Elisa hadde ikke glemt brødrene sine. Hver kveld jobbet hun videre med skjortene. En natt gikk hun ut på kirkegården for å hente frisk brennesle. Skattmesteren hold øye med henne i skjul.

As soon as the prince was away on a hunting trip, the treasurer had Elisa thrown into the dungeon. He claimed that she was a witch who met with other witches at night.

Straks prinsen var på en jaktutflukt, kastet skattmesteren Elisa i en celle. Han påsto at hun var en heks, som møtte andre hekser om natten.

At dawn, Elisa was fetched by the guards. She was going to be burned to death at the marketplace.

I grålysningen neste morgen ble Elisa hentet av vaktene. Hun skulle bli brent på torget.

No sooner had she arrived there, when suddenly eleven white swans came flying towards her. Elisa quickly threw a shirt over each of them. Shortly thereafter all her brothers stood before her in human form. Only the smallest, whose shirt had not been quite finished, still had a wing in place of one arm.

Bålet brant allerede lystig da elleve svaner plutselig kom flygende. Fort kastet Elisa en skjorte over hver av dem. Snart sto alle brødrene foran henne, forvandlet tilbake som mennesker igjen. Bare den minste hadde en vinge istedenfor en arm siden skjorten hans ikke hadde blitt helt ferdig.

The siblings' joyous hugging and kissing hadn't yet finished as the prince returned. At last Elisa could explain everything to him. The prince had the evil treasurer thrown into the dungeon. And after that the wedding was celebrated for seven days.

And they all lived happily ever after.

Mens søsknene klemte og kysset hverandre, kom prinsen tilbake. Endelig kunne Elisa forklare ham alt sammen. Prinsens lot den onde skattmesteren settes i fengsel. Deretter feiret de bryllup syv dager til ende.

Og er de ikke døde, så lever de ennå.

Hans Christian Andersen

Hans Christian Andersen was born in the Danish city of Odense in 1805, and died in 1875 in Copenhagen. He gained world fame with his literary fairy-tales such as „The Little Mermaid", „The Emperor's New Clothes" and „The Ugly Duckling". The tale at hand, „The Wild Swans", was first published in 1838. It has been translated into more than one hundred languages and adapted for a wide range of media including theater, film and musical.

Barbara Brinkmann was born in Munich in 1969 and grew up in the foothills of the Bavarian Alps. She studied architecture in Munich and is currently a research associate in the Department of Architecture at the Technical University of Munich. She also works as a freelance graphic designer, illustrator, and author.

Cornelia Haas has been illustrating childrens' and adolescents' books since 2001. She was born near Augsburg, Germany, in 1972. She studied design at the Münster University of Applied Sciences and is currently a professor on the faculty of Münster University of Applied Sciences teaching illustration.

Marc Robitzky, born in 1973, studied at the Technical School of Art in Hamburg and the Academy of Visual Arts in Frankfurt. He works as a freelance illustrator and communication designer in Aschaffenburg (Germany).

Ulrich Renz was born in Stuttgart, Germany, in 1960. After studying French literature in Paris he graduated from medical school in Lübeck and worked as head of a scientific publishing company. He is now a writer of non-fiction books as well as children's fiction books.

Do you like drawing?

Here are the pictures from the story to color in:

www.sefa-bilingual.com/coloring

www.ingramcontent.com/pod-product-compliance
Lightning Source LLC
LaVergne TN
LVHW070448080526
838202LV00035B/2770